Comment tout à commencé

How it all started...

Dans mon jardin, il y a un arbre qui a une porte magique...

In my garden, there is a tree who has a magical door...

Elle conduit à Twinkle Farm, une terre enchantée où vit un chaton nommé Bubble.

It leads to Twinkle Farm, an enchanted land where lives a kitten named Bubble.

De derrière la porte magique, Bubble peut me voir...

From behind the magical door, Bubble can see me.

Un jour Bubble est sorti et on est devenu meilleurs amis..

One day Bubble came out and we became best friends.

Bubble a fini par devoir rentrer a Twinkle Farm, mais il ne m'a jamais oubliée. Maintenant il m'ecrit un livre tous les mois.

Bubble had to eventually go back to Twinkle Farm, but he never forgot about me. Now he writes me a book every month.

Ses livres sont pleins d'amour et de bons conseils. Lisons-les ensemble!

His books are full of love and good advice. Let's read them together!

Ma chère amie,

Comment s'est passé le mois dernier? On s'est bien amusés ici, à Twinkle Farm: c'était l'anniversaire de Bouba et Boubette.

My dear friend,

How have you been this last month? We had a good time here at Twinkle Farm: it was Bouba and Boubette's birthday.

On était tous invités à la fête.

We were all invited to the party!

La fête a commencé par un délicieux pique-nique au bord du lac.

The party started with a delicious picnic by the lake.

Puis une fée est venue
faire des bulles géantes.
Paquita a sauté dans l'une
d'entre elles et a plané dans
l'air pendant quelque temps.

Then a fairy came and blew
giant bubbles. Paquita
jumped into one of them
and floated around for a
while.

On est allé à la forêt pour jouer à cache-cache.

Peux tu tous nous trouver?

We went to the forest to play hide and seek.

Can you find us all?

On a sauté dans une montgolfière et volé jusqu'aux nuages; ils étaient doux et rebondissants!

We hopped on a hot-air balloon and flew up to the clouds. They were soft and bouncy!

Ensuite nous sommes allés nager dans l'étang. C'était très rafraîchissant.

Then we went for a swim in the pond. It was so refreshing!

Après Bouba et Boubette ont ouvert leurs cadeaux. Ils en avaient tellement!

Then Bouba and Boubette opened their presents. They had so many!

Enfin, le gâteau d'anniversaire est arrivé. C'était le plus gros et le plus délicieux que j'aie vu de toute ma vie!

Finally the birthday cake arrived. It was the biggest, most delicious cake I had ever seen in my whole life!

Alors qu'on se mettait à table pour manger le gâteau, on s'est aperçus qu'il manquait quelqu'un de très important: notre nouvel ami Ernest Elephant.

As we sat down to eat the cake, we realised someone very important was missing: our new friend Ernest Elephant.

Tu vois ma chère, il y a trois mois Ernest Elephant et sa maman sont arrivés à Twinkle Farm. Il était terrifié et fatigué. Nous les avons accueillis à bras ouverts.

You see my friend, three months ago, Ernest Elephant and his mummy came to Twinkle Farm. He was scared and tired. We welcomed them with open arms.

Alors, nous avons cherché Ernest partout.

Peux tu voir où il s'est caché?

So we looked for Ernest everywhere.

Can you see where he is hiding?

Nous avons fini par le trouver. Il se cachait parce qu'il n'avait pas de cadeau à donner à Bouba et Boubette.

Finally we found him. He was hiding because he didn't have a present to give to Bouba and Boubette.

Nous lui avons dit que ça n'avait aucune importance. On voulait juste qu'il soit avec nous parce qu'il était notre ami.

We told him it didn't matter at all. We just wanted him to be with us because he was our friend.

Une fois qu'Ernest s'est assis à table avec nous, on a mangé le délicieux gâteau ensemble.

Once Ernest sat down at the table with us, we ate the delicious birthday cake together.

Et quand il a fait très chaud, Ernest a réalisé qu'il n'avait pas besoin d'un cadeau pour être un bon invité.

On s'est tellement amusés quand il nous a aspergés d'eau!

And when it got really hot, Ernest realised he didn't need a present to be a good guest.

We had so much fun when he splashed us with water!

Les fêtes d'anniversaire sont tellement amusantes! J'aurais aimé que tu sois là ma chérie.

Birthday parties are so much fun, I wish you could have been there my dear friend.

Mais parlons de ton prochain anniversaire. Qui aimerais-tu inviter? Qu'aimerais-tu faire?

Organisons-le ensemble!

Ton ami Bubble qui t'aime.

xxx

But let's talk about your next birthday party. Who would you like to invite? What would you like to do?

Let's plan it together!

Your friend Bubble who loves you!

xxx

Card

Carte

Balloon

Ballon gonflable

Present

Cadeau

Birthday Cake

Gâteau d'anniversaire

Orange juice

Jus d'orange

Limonade

Limonade

Candies

Bonbons

Lollipop

Sucette

Muffin

Muffin

Chocolate

Chocolat

Pie

Tarte

Cookie

Cookie

Bread

Pain

Sandwich

Sandwich

Cheese

Fromage

Butter

Beurre

Fairy

Fée

Dragonfly

Libellule

Hot-air balloon

Montgolfière

Bubbles

Bulles

Blueberry

Myrtille

Strawberry

Fraise

Orange

Orange

Watermelon

Pastèque

Apple

Pomme

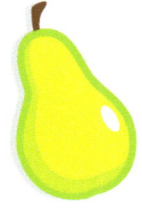

Pear

Poire

Cherry

Cerise

Grappe

Raisin

Banana

Banane

Chips

Chips

Salade

Salade

Hard boiled egg

Oeuf dur

Rencontre tes nouveaux amis. Meet your new friends.

Bubble Cat

Matty Monkey

Charlie Chick

April Alpaca

Bouba &
Boubette Dog

Paquita Possum

Donny Donkey

Gloria Goat

Ernest Elephant